U0593225

中小学生交通安全教育知识

简述芬 ◎ 编著

应急管理出版社

·北京·

图书在版编目（CIP）数据

中小学生交通安全教育知识／简述芬编著．－－北京：应急管理出版社，2024

ISBN 978 - 7 - 5237 - 0034 - 1

Ⅰ.①中… Ⅱ.①简… Ⅲ.①交通安全教育—中小学—教学参考资料 Ⅳ.①G634.203

中国国家版本馆 CIP 数据核字（2023）第 222163 号

中小学生交通安全教育知识

编　著	简述芬
责任编辑	郭浩亮
封面设计	中北传媒

出版发行　应急管理出版社（北京市朝阳区芍药居 35 号　100029）
电　　话　010 - 84657898（总编室）　010 - 84657880（读者服务部）
网　　址　www. cciph. com. cn
印　　刷　艺通印刷（天津）有限公司
经　　销　全国新华书店

开　　本　710mm×1000mm^1/$_{16}$　印张　7　字数　57 千字
版　　次　2024 年 1 月第 1 版　2024 年 1 月第 1 次印刷
社内编号　20221666　　　　定价　29.80 元

版权所有　违者必究

本书如有缺页、倒页、脱页等质量问题,本社负责调换,电话:010 - 84657880

　　"道路千万条，安全第一条。""宁等三分，不抢一秒。""司机一杯酒，亲人两行泪。"大家经常能看到类似这样的交通安全标语，但大多数人看到之后仅是一笑了之，因为很多人觉得交通安全问题离自己很远。然而，各种数据却告诉我们，交通安全问题就在我们身边。2021 年，全国机动车交通事故发生数量为 211 074 起，非机动车交通事故发生数量为 29 969 起，因交通事故导致的死亡人数为 61 703 人。交通安全问题高发，已经引起全社会关注。

　　在交通事故中，中小学生是最易受伤的群体，道路交通伤害已成为我国 1 ~ 14 岁儿童的第二位伤害原因。有鉴于此，近年来我国政府除了在社会范围内大力宣传交通安全知识外，还将交通安全知识教育引入中小学的课堂之中，目的就是提升中小学生的交通安全意识。

　　本书是一本专门写给中小学生的交通安全知识普及读物，书中介绍了交通安全的内涵、交通事故的危害、生活中的各种"交通语言"，中小学生还能从这本书中了解各种各样的交通标志，明白每个标志的意义。书中还列举了一些常见的交通违法行为，让中小学生在了解这些行为错在哪里的同时，还可以学习到一些正确、实用的交通知识。

交通安全无小事。中小学生遵守交通规则，其实是一种责任，既是对自己的生命负责，也是对自己的家人负责，更是对这个社会负责。

和谐交通，你我共创。翻开这本书，让我们一起学习交通安全知识，为创建文明、和谐、安全的交通环境而努力。

目 录/contents

第一章　了解交通安全

第二章　交通安全基础知识

第三章　不可不知的交通安全常识

第四章　交通安全无小事

第五章　其他交通安全知识

第一章
了解交通安全

第一节 什么是交通安全

2012年，国务院批准将每年的12月2日设立为"全国交通安全日"。2022年12月2日是第11个"全国交通安全日"，主题为"文明守法 平安回家"。你知道什么是交通安全吗？

"交通"，是指利用一些工具，让我们从一个地方到达另一个地方。交通是我们生活的重要组成部分，我们每个人的日常生活都与交通相关，上学、上班、购物、游玩等，都要通过交通来完成。交通的发展促进了社会经济的发展，为我们的生活带来了诸多便利，但与此同时，也为我们带来了交通安全问题。

我们对于"交通安全"这个词应该并不陌生。每次从家里离开时，爸爸妈妈就会叮嘱我们要注意交通安全；在校园的学习中，老师也会反复向我们强调交通安全的重要性。但究竟什么是交通安全？它又包含哪些内容呢？

交通安全是指人们在交通出行中遵守交通法规，避免发生人身伤亡或财产损失。虽然交通安全的定义看上去非常简单，但其包含的内容却是很丰富的。一般来说，交通安全包括车辆和驾驶人的管理、道路的通行规定、乘坐各种交通工具的规则、交通事故的处理等。

对于中小学生来说，交通安全隐患主要存在于两方面：一是在上下学、集体出行时步行，骑车，乘私家车或公交、地铁等交通工具时的安全问题；二是乘坐飞机、轮船、火车等交通工具时的安全问题。

目前，步行、骑自行车、乘坐私家车和乘坐电动自行车是中小学生最主要的出行方式，其中步行的占比最高，步行过程中过马路的安全风险最高；步行、骑行和乘坐电动自行车更容易受到事故伤害；中小学生在寒暑假期更容易遭遇交通事故。中小学生的交通安全需要特

行走安全

骑行安全

乘车安全

别重视。中小学生是每个家庭的希望，也是国家的未来，他们的交通安全是全社会高度关注的重点，也是千万个家庭关心的大事。

对中小学生进行交通安全教育，是新时代安全教育的重要内容，也是素质教育的重要内容。开展交通安全教育，让广大中小学生知道什么样的交通行为是危险的，提升他们的交通安全防范意识和能力，是非常必要的。

中小学生只有系统学习并了解了交通安全的相关内容，才能更好地在日常生活中安全出行、安全生活。

第二节　交通规则要遵守

　　3名学生打打闹闹地过人行横道，没有注意对面的绿灯正在快速闪烁。几秒后，绿灯变为红灯，学生们在汽车的鸣笛提醒下才发现人行横道信号灯变红，于是慌乱地快速冲过斑马线，跑到了对面的人行道上。

　　这3名学生过人行横道时打打闹闹，快速冲过马路，都是违反交通规则的行为。交通规则，指政府部门颁布的，限制人的各种有碍于交通的行为，以维护社会正常的交通秩序，保障道路畅通、交通安全，裁定交通违章与交通事故责任的一系列行政法规，如《中华人民共和国道路交通安全法》《中华人民共和国道路交通安全法实施条例》等。这些交通规则并非为了对车辆驾驶人、行人、乘车人等进行各种限制，而是希望通过规则的制定，为所有人营造一个安全的交通环境。

　　《中华人民共和国道路交通安全法》中，针对交通活动的各个方面分条款做出了规定，例如，第四十七条规定："机动车行经人行横道时，应当减速行驶；遇行人正在通过人行横道，应当停车让行。机动车行经没有交通信号的道路时，遇行人横过道路，应当避让。"这条交通规则就是对机动车与行人在道路上相遇的情况做出了规定，即机动车应减速或停车避让行人。这是基于人道主义的考量，相对于机动车而言，行人属于弱势一方，若机动车与行人相撞，行人受伤的概率及程度要远高于机动车驾驶人。因此，机动车应该主动避让行人，避免与之发生碰撞。

那么，这是不是说，作为行人，我们就可以在道路上"横冲直撞"呢？当然不是！为了"公平起见"，当然也有专门针对行人做出的交通规定，比如，《中华人民共和国道路交通安全法》第六十二条规定："行人通过路口或者横过道路，应当走人行横道或者过街设施；通过有交通信号灯的人行横道，应当按照交通信号灯指示通行；通过没有交通信号灯、人行横道的路口，或者在没有过街设施的路段横过道路，应当在确认安全后通过。"

可见，交通法规在对机动车驾驶人提出要求时也对行人进行了约束。作为行人，我们对自己的生命安全负

责，其实也是为整个社会的交通秩序负责，因为我们行人不遵守交通规则，就会对那些遵守交通规则的机动车驾驶人造成影响和干扰，进而引发让人后悔莫及的交通事故。到那时，我们不仅会对自己的生命安全及财产造成损害，也会给其他人造成不可估量的损失。

除了《中华人民共和国道路交通安全法》中提到的相关通行规定外，我国国务院和地方各级人民政府也制定了一系列与道路通行相关的规范性文件。比如，骑自行车上路必须年满 12 周岁，骑电动车上路必须年满 16 周岁；驾驶和乘坐电动车、摩托车要正确佩戴安全头盔，驾驶和乘坐汽车要系好安全带等。

无规矩不成方圆，交通规则就是道路通行的规矩，无论是步行、骑行、驾车、乘车，都要遵守相应的交通规则，只有这样，交通秩序才能得到维护，交通安全才能得到保障。我们不仅要学习并遵守交通规则，还应该积极宣传交通规则，让更多人加入学习交通规则、遵守交通规则的队伍之中。

第三节 令人悲痛的交通事故

夜幕降临，城市广场迎来了一天中最热闹的时刻。就在这时，一辆汽车冲破街边的护栏冲进了广场。经调查，车主因为长时间未进行车检，所以没有发现车辆早已存在故障。最终，这辆失控的汽车冲入广场人群，造成了多人受伤。

交通事故主要是指车辆在行驶过程中，因过错或是意外造成的人身伤亡或财产损失的事件。交通事故的认定，有着严格的法律规定，并不是所有发生在道路上的事故都能被判定为交通事故，比如，两个行人在道路上发生了碰撞或造成了其他伤害则不能被认为是交通事故。

但是，如果是车辆和行人，或者车辆与车辆之间发生了碰撞或意外，就是交通事故。

交通事故必须发生在道路上。这里的"道路"既包括公路、城市道路，也包括允许机动车通行的广场或停车场。比如，某个人在一处开放广场上被一辆摩托车撞伤，这起事故便属于交通事故。交通事故的判定，还需要满足一个要件：车辆在运动中发生。当一辆车处于完全停止状态时，我们在奔跑过程中撞到该车辆从而引发的事故，则不属于交通事故。

交通事故按照肇事人在交通事故发生时的交通方式不同，分为三类：

（1）机动车事故，是指机动车单方发生的事故，机动车与机动车之间发生的事故，或者机动车与非机动车或行人之间发生的、机动车方负同等及同等以上责任的交通事故。

（2）非机动车事故，是指非机动车单方发生的事故，非机动车与非机动车之间发生的事故，或者非机动车与行人之间发生的、非机动车负同等及同等以上责任的交通事故，以及非机动车与机动车之间发生的、非机动车负主要及主要以上责任的交通事故。

（3）行人、乘车人事故，是指行人、乘车人与车辆之间发生的，行人、乘车人一方负主要及主要以上责任的交通事故。

交通事故按事故的原因分类，则可以分为由主观原因引起的交通事故和由客观原因引起的交通事故。由主观原因引起的交通事故，通常是因为当事人自己操作不当，或是不遵守交通规则所致；由客观原因引起的交通事故，则通常与车辆情况、道路状况和环境条件有密切关联。

2021年3月，公安部召开新闻发布会，介绍涉及中小学生的交通事故。从统计来看，周末两天的事故约占1/3，暑期的事故超过1/5；放学时段事故相对集中，接近全天平均水平的2倍。从交通方式看，骑乘电动自行车的事故占31%，骑乘摩托车的事故占30%，步行当中发生的事故占18%，乘坐汽车的事故占12%，骑乘自行车的事故占6%。

与中小学生相关的交通事故，既会受到主观因素的影响，也会受到客观因素的影响，但相对于不可控制的客观因素，在主观因素可控的情况下仍导致事故发生，是非常不应该的。因为在众多主观因素中，事故当事人或者中小学生不遵守交通法规，或违反其他交通安全规定，是交通事故频发的重要原因。比如，酒后驾车、超速行驶、横穿马路、翻越护栏等不文明行为都可能引发交通事故。

中小学生要避免交通事故，首先自己要遵守交通规则，其次要不断提高自己的交通安全意识，从自己做起。当我们严格要求自己的时候，就能很大程度上避免交通事故。我们以身作则的表现也一定能感染身边的更多人，为城市创造一个更加安全的交通环境。

第四节　遇到交通事故怎么办

　　几名中学生和家人一起自驾游，途中发生了追尾事故，但肇事车辆并未停下却加速逃离了现场。中学生的家长立即按下应急灯，将车停靠在路边，并让车上的人下车，站在远离车辆的地方等待，然后家长报警。最终，交警通过调取路段监控和行车记录仪，找到肇事车辆及车主。

　　大家都不愿意看到交通事故的发生，因为无论大小事故都会给个人甚至家庭带来伤害。但是，交通事故的发生往往具有很大的不确定性，如果不幸遇到事故，我们不能惊慌，要最大限度地避免交通事故造成的伤害和损失。

　　中小学生在目睹交通事故发生，并且身边没有其他成年人能提供帮助时，一定要远离事故现场，然后及时拨打 120 医疗救护电话或 110 公安报警电话，也可以拨打 122 交通事故报警电话。在高速公路上遭遇交通事故，则可以拨打12122高速公路报警救援电话。在拨打救助电话时，应详细向救助人员描述伤者状况，这有利于救助人员提早准备救助措施。如果具备一定的医疗急救知识，还可以在救助人员的指导下，先行帮助伤者止血或包扎。

当中小学生自己遭遇交通事故时，首先要保持冷静，然后尽快采取自救措施，比如，及时记住肇事车辆的车牌、车型和颜色等信息，并保存好相关证据，这能有效防止肇事车辆逃逸。但需要注意的是，如果发现肇事车辆有逃逸迹象，我们可以呼叫他人帮忙，但一定不要追逐、拦阻逃逸车辆，因为这样的危险行为可能会对自己造成更严重的伤害。与此同时，保护交通事故现场也是很有必要的。这样做可以为交警勘查现场提供必要帮助。但需要注意的是，我们在保护现场时，一定要注意自身安全，并尽量不要影响到正常的交通秩序。

即使肇事车辆没有逃逸，仍然不能掉以轻心，如果肇事者提出私下解决，中小学生切记不能答应对方的要求，一定要等待父母或交警到来后再行解决。在一些轻微交通事故中，我们可能会因为当下没有感到不适，而认为自己并未受到重大伤害，但有时候，肉眼无法识别的"内伤"很可能致使我们对伤情做出错误判断，

　　从而因为治疗不及时引发严重后果。因此在遭遇交通事故后，我们应听从专业人员的建议和安排，接受必要的医疗检查。

　　在日常生活中，无论是目睹交通事故，还是遭遇交通事故，中小学生都要保持沉着冷静的心态，并及时向父母、老师或其他成年人寻求帮助。中小学生也要多学习一些医疗急救知识，这不仅可以自救，有时候也能救助他人。

第五节 掌握交通安全知识的意义

从 1996 年开始，我国将每年 3 月最后一周的星期一定为全国中小学生安全教育日。2022 年 3 月 28 日是第 27 个全国中小学生安全教育日，班主任给小红和全班同学开了一堂"安全第一、预防事故、从我做起"的主题班会，大家经过谈论和学习之后，都认识到了交通安全的重要性。

全球范围内由于交通事故所造成的死亡和伤残人数，要比疾病和战争所造成的死亡和伤残人数还多。近年来，国家为了保障人民生命安全，改善我国的交通安全问题，出台了许多新的交通管理法规，并加大了对交通违法行为的查处力度。这样做的目的是，降低交通事故发生率，增强人们的交通安全意识。

引发交通安全问题的主要原因是有人不遵守交通规则，解决这类问题的关键就在于纠正大家的不良行为，并增强大家的交通安全意识。让更多人掌握交通安全知识，并不仅仅是为了避免交通事故这一类悲剧的发生，也是为了让大家对生命产生敬畏，从而增强各方面的安全意识。

中小学生是家庭和社会的希望，远离交通安全问题，拥有健康安全的成长环境，不仅是国家和社会的责任，也是我们每个人的责任。如果我们因为缺少交通安全意识，不懂交通安全知识，造成或遭遇了交通事故，既会给我们和我们的家庭带来极大的打击，也会对交通事故中其他人员及其家庭造成严重伤害。

中小学生掌握交通安全知识、增强交通安全意识具有重要意义。在社会层面上，可以更好地维护交通秩序，促进社会和谐发展。试想一下，如果我们每个人都无视交通信号灯的存在，那整个社会的交通状况就会变得一团糟，各种交通事故将会不断发生。在个人层面上，中小学生学习和掌握交通安全知识，增强交通安全意识，可以知险避险，降低交通事故的发生率。这不仅关系到我们自己的生命安全，同时也是对他人生命的一种尊重，更是构筑社会主义和谐社会的重要因素。

中小学生接受交通安全知识教育，是其掌握交通安全知识和增强交通安全意识的重要途径。

交通安全知识教育是素质教育的重要内容，我国在相关法律中做了明确规定，使中小学生接受交通安全知识教育成为社会和学校的法定义务。可以说，开展中小学生交通安全知识教育，增强中小学生交通安全意识，也是当前公共交通管理工作的一项非常重要的任务。

第二章
交通安全基础知识

第一节　机动车与非机动车

　　在一次交通安全知识讲座上，交警叔叔让同学们说一说什么样的车辆是机动车。短暂沉默后，同学们开始畅所欲言，有的人说有四个轮子的车是机动车，有的人说不用人力驱动的车是机动车，还有的人说拥有漂亮外壳的车才是机动车。

　　在一番热烈讨论后，同学们又都安静了下来，大家似乎都意识到了自己的答案并不准确。究竟什么样的车才是机动车呢？交警叔叔微微一笑，告诉同学们，这一问题的答案，要从法律法规中去寻找。

　　在日常生活中，我们会看到各式各样的车辆，它们有的两个轮子，有的三个轮子，有的四个轮子；有的以汽油作为燃料，有的以电能作为动力，还有的靠人力驱动……这些车辆究竟哪些是机动车，哪些是非机动车呢？我们该怎么判断呢？

　　《中华人民共和国道路交通安全法》第一百一十九

条规定："车辆"指机动车和非机动车。其中，"机动车"是指以动力装置驱动或者牵引，上道路行驶的供人员乘用或者用于运送物品以及进行工程专项作业的轮式车辆。"非机动车"则是指以人力或者畜力驱动，上道路行驶的交通工具，以及虽有动力装置驱动但设计最高时速、空车质量、外形尺寸符合有关国家标准的残疾人机动轮椅车、电动自行车等交通工具。

了解了这条规定，我们对机动车与非机动车的区别就有了基本的认识。在日常生活中，中小学生应该分清楚哪些车辆是机动车，哪些车辆是非机动车。

1. 机动车

机动车必须是以"动力装置驱动或者牵引"的车辆，这里所说的"动力装置"可以是以汽油、柴油等作为燃烧原料的内燃机，也可以是以电力提供能量的电动机。

机动车除了需要具备"动力装置驱动或者牵引"之外,还需要满足"供人员乘用""用于运送物品"和"进行工程专项作业"等功能。每天穿梭于城市大街小巷的公交车、出租车、私家车便是"供人员乘用"的车辆,在城市与城市之间运送货物的大卡车、厢式车则是"用于运送物品"的车辆,洒水车、吸污车、运钞车、消防车、警车、救护车等则是"进行工程专项作业"的车辆,这些车都是机动车。

有轨电车、无轨电车、电瓶车、三轮摩托车、二轮摩托车、四轮农用运输车、三轮农用运输车、大型转向盘式拖拉机、小型转向盘式拖拉机、手扶拖拉机、全挂车、半挂车等也都是机动车。

2. 非机动车

非机动车是以"人力或畜力驱动"的车辆,也就是说这类车辆的动力装置是人或牲畜。以人力驱动的车辆最为常见的就是自行车、三轮车,手推车也属于人力驱动的非机动车。以畜力驱动的车辆依靠牲畜的牵引来前行,主要有马车、驴车、牛车、骡车等。

靠人力或畜力驱动的非机动车是比较容易辨认的,但除了这些车辆外,还有一些"酷似"机动车的车辆,其实也属于非机动车。比如，我们生活中最常见的电动自行车，最高时速不大于 25 千米，这类电动自行车也属于非机动车，在道路上行驶时需要遵守与其他非机动车一样的交通法规。比如，在过马路时，电动自行车驾驶人要与行人一样按照指示灯通行。不过，有些电瓶车的外观和电动自行车一样，但是时速可以达到 30 千米以上，这种电瓶车就属于机动车，它们在道路上行驶时，需与其他机动车一样遵守机动车的交通法规。

中小学生是不允许驾驶机动车辆的，即使是属于非机动车的自行车，也要年满 12 周岁才可以骑行上路。不过，提前了解机动车与非机动车的区别，并多学习一些相关的知识，也是很有必要的。

第二节 道路交通隔离设施

　　周五放学后，小胡与几个朋友相约去学校对面的文具店购买笔记本。为了节省时间，几个小伙伴各显神通，纷纷以各种姿势翻越马路中间的护栏。正当他们打算冲入文具店时，却被两个交警叔叔拦住了。交警叔叔告诉他们翻越隔离护栏是很危险的，并且为他们讲解了隔离护栏的作用。几个小伙伴认识到了自己的错误，纷纷表示绝不会再有下次。

　　道路交通隔离设施是城市交通管理设施的一部分，它们与道路上的交通标线、交通信号灯、交通监控设施等共同构成了城市交通管理设施系统。这些城市交通管理设施可以有效引导驾驶员在道路上规范驾驶，为驾乘人员出行提供安全保障。

　　城市交通管理设施中的道路交通隔离设施包括机动车隔离栏、机非隔离栏、行人隔离栏等。隔离设施在材料和形制上有所不同，它们的作用也有差异。接下来，我们了解一下常见的道路交通隔离设施。

1. 机动车隔离栏

机动车隔离栏是用于分隔机动车交通的交通隔离栏。

城市双向六车道及以上主干路无中央分隔带时，应设置中央隔离栏；其他主干路无中央分隔带时，宜设置中央隔离栏。

城市双向四车道及以上次干路无中央分隔带时，或道路中设有高架道路、大型桥梁柱又无其他隔离措施的路段，宜设置中央隔离栏。

桥梁、高架路、立交桥、隧道双向通行的出入库与地面道路衔接段，宜设置中央隔离栏。

在已设有道路中间绿化隔离带或水泥隔离墩等中央分隔带的道路，当行人、非机动车横穿机动车道现象严重时，应在中央分隔带上设置中央隔离栏。

双向两车道的城市道路不宜设置中央隔离栏。

2. 机非隔离栏

机非隔离栏是用于分隔机动车和非机动车交通的交通隔离栏。机动车道和非机动车道为共板断面，且机动车车道宽度大于或等于 1.5 米的路段，当非机动车流量较大时，宜设置机非隔离栏。若非机动车中三轮车通行

比例较高，非机动车车道可适度放宽。

机动车道和非机动车道为共板断面，机动车单行道中对向通行的非机动车道宜设置机非隔离栏。

机动车道和非机动车道为共板断面，平面交叉口范围内宜设置机非隔离栏。

在重点保障非机动车通行的路段，宜设置机非隔离栏。

3. 行人隔离栏

行人隔离栏是用于分隔行人和车辆交通、保护行人安全的交通隔离栏。

车站、码头、商业中心和大型公共场所出入口，人行天桥、地道梯道口等人流汇聚区的车行道边，应沿路缘石设置行人隔离栏。在非全封闭路段人行天桥、地道梯道口附近且无公交停靠站路段设置行人隔离栏时，设置长度宜大于 200 米或梯道口前后范围内的人行横道线处。

平面交叉口人行道变及其他需要防止行人进入车行道的路段，宜在人行横道两侧沿路缘石设置行人隔离栏。需要设置行人隔离栏的路段已种植具有分隔作用的灌木丛的，可不设置行人隔离栏。

当然，道路上的交通隔离设施并不只有上面提到的这些，像弹性交通柱、防撞垫、轮廓标等也属于道路上的交通隔离设施。不过相比于前面那些分隔车与车、车与人的隔离设施，这些隔离设施更多是用来防止遭遇车辆失控事故的驾乘人员受到更大伤害的。

第三节　人行道相关知识

　　轩轩的家离学校不远，每天骑自行车上下学要15分钟。这是因为上下学路上非机动车道上的车很多，骑车根本提不起速度来。为了节省时间，轩轩每次都会"独辟蹊径"，选择在机动车道旁边的人行道上骑行。一天，正在人行道上骑行的轩轩稍不留神，撞到了一位正在走路的老大爷。轩轩赶忙停下车，扶起老大爷连连道歉。老大爷是位退休的交警，他并没有责怪轩轩，而是给他讲了在人行道上骑车的危害。认识到错误的轩轩红着脸表示，以后一定会遵守交通规则。

　　人行道是道路中用路缘石或护栏及其他设施与车行道分隔，专门供行人通行的一种道路。这种道路在我们的日常生活中非常常见，几乎每一条城市道路两旁都有设置，在日常出行、散步时，行走于人行道上可以有效保护我们的人身安全。

大多数城市人行道是用水泥和砖头铺制的，那些用碎石、木头、橡胶等材料铺成的供行人通行的道路，一般不被称为人行道。在铺制人行道时，通常会铺得比车行道高一些，以此来与车行道分隔开来。

城市人行道看上去很简单，但有许多组成部分，并且每个部分都发挥着重要作用。路缘石是人行道的组成部分之一，其多用花岗岩材质制作，呈条块状，设置于人行道与路肩之间，可以有效保护路面边缘，也可以起到分隔道路的作用。

如果我们仔细观察便会发现，大多数人行道稍靠里侧都会铺设一排黄色砖块，这些黄色砖块上有条状或圆点状的凸起，这就是盲道。盲人可以利用脚去感觉这些砖块的凸起部位，进而顺利地在人行道上行走。

附属设施功能带也是人行道的组成部分之一。那么，人行道上都有哪些附属设施呢？最常见的就是路灯、隔离护栏、信号灯、绿化植物、广告牌等。这些附属设施功能各异，为行人和车辆提供了各种帮助，保障着道路交通的安全。

了解了人行道各组成部分的功能，我们还要了解在人行道上通行的一些规则，比如，在人行道上尽量不要结伴打闹，尽量不要在人行道之外行走，在人行道上不要使用滑板、旱冰鞋等滑行工具……这既有利于保护我们自身的人身安全，也是尊重他人出行权利的表现。

值得注意的是，人行道与人行横道是两个完全不同的概念，但在日常生活中，有些人却总会将二者混为一谈。虽然只有一字之差，但二者的区别却非常之大。比如，人行道通常位于城市道路两侧，而人行横道则多横穿车行道；人行道多用水泥和砖石铺成，而铺设人行横道的材料则与车行道相同，只不过人行横道上的白线是用一些特殊材料绘制而成的。虽然位置和形制都不同，但人行道和人行横道上的通行规则却比较相近，比如，人行道上是不准骑车通行的，人行横道上也是如此。虽然我们可以看到一些城市有人在人行横道上骑车通过，但我们要知道，这种行为是错误的，是一种对自身生命安全不负责任的表现。

第四节 道路的交通标线

一天，某条道路上发生了一起机动车与非机动车相撞事故。在这场事故中，机动车在正常行驶时，撞倒了前方越线行驶的自行车。被撞伤的是一名初中生，他并不知道这起事故是因为自己违反交通规则引起的。最后还是在交警的细致讲解下，他才明白自己越过交通标线骑行的行为，违反了交通安全法规。

在城市道路上有多种交通标线，尤其是在十字路口或是学校、医院周边，这些交通标线更多。中小学生了解这些交通标线，对于保障我们安全出行具有重要意义。

交通标线是用线条、箭头、文字、立面标记、凸起路标和轮廓标等向交通参与者传递引导、限制、警告等交通信息的标识。交通标线画设于路面之上，承受日晒雨淋、车辆磨损，所以需要及时修补。平时我们常看到那些使用专业设备在道路中间作业的工作人员在修补或绘制交通标线。

交通标线按形态可分为线条、字符、凸起路标和轮廓标四类。线条是施画于路面、路缘石或立面上的实线或虚线；字符是施画于路面上的文字、数字及各种图形、符号；凸起路标是安装于路面上用于标示车道分界、边缘、分合流、弯道、危险路段、路宽变化、路面障碍物位置等的反光体或不反光体；轮廓标是安装于道路两侧，用以指示道路边界轮廓、道路的前进方向的反光柱（或反光片）。

线条交通标线在日常生活中最为常见。道路上的线

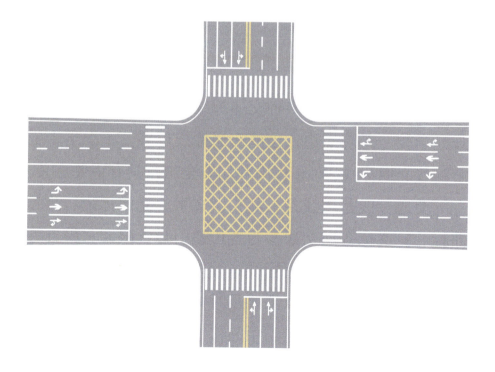

条交通标线主要有八种，分别是白色虚线、白色实线、黄色虚线、黄色实线、双白虚线、双黄实线、黄色虚实线和双白实线。一般来说，画于路段中的单色白线主要用来分隔同向行驶的车辆，画于路段中的单色黄线则主要用来分隔对向行驶的车辆。如果黄色虚线画在路边或路缘石上，则表示这里不能长时停放车辆，但可以临时停放车辆；如果黄色实线画在路边或路缘石上，则表示这里不能长时停放车辆，也不能临时停放车辆。

　　导向箭头也是道路上较为常见的交通标线。导向箭头用以指示车辆的行驶方向。在行驶方向受限制的交叉入口车道内，车道数减少路段的缩减车道内，设有专用车道的交叉口或路段，畸形、复杂的交叉口和渠化后的车道内应设置导向箭头。

　　路面文字也是常见的字符标记。当我们在公交车站等车时，可以看到两条黄色虚线之间的道路上写有"公交专用"的字样，这说明这条道路是在规定时间内专供公交车使用的，其他车辆在规定时间内不能在这条车道上行驶。我们在等候公交车时，也需要在站台里侧等候，不能站在站台边缘，更不能走下站台，进入公交专用车道等车。

　　道路上的交通标线多种多样，正是因为它们的存在，行人和驾驶人才能有据可依，道路交通才能井然有序。了解这些交通标线的含义与作用，可以让我们更安全地出行。

第五节　看懂交警的手势

　　放学后，琳琳发现马路上出现了许多交警，不知发生了什么事情。当她来到十字路口时才发现，原来是红绿灯出现了故障。在路边等候的琳琳发现路上没有车，便打算直接通过十字路口，但却看到交警向她做手势。琳琳看懂了交警的手势，是让自己停在原地，于是只得继续在路口等候。没多久，交警又做出了新的手势，示意琳琳通行。

　　在一些同学的认知中，交警手势是做给机动车驾驶人看的，对于作为行人的我们来说没有意义。这种认知是错误的，交警手势作为交通安全中的重要知识，是每一个道路交通参与者都需要了解的。交警手势优于交通信号灯、交通标志和交通标线等其他交通信号。当遇到交警的指挥手势与其他道路交通信号不一致时，我们需要优先服从交警的指挥。

　　我国现行的交警手势信号主要有八种，分别是停止信号、直行信号、左转弯信号、左转弯待转信号、右转弯信号、变道信号、减速慢行信号、示意车辆靠边停车信号。

1. 停止信号

停止信号表示不准前方车辆通行。当交警的身体和面部都朝向我们，并且左手过肩，手掌正对我们时，我们就要立即停在原地。这个动作有些像足球比赛中，裁判向球员出示红牌的动作，只不过交警的手中没有红牌。

2. 直行信号

直行信号表示准许右方直行的车辆通行。交警侧身

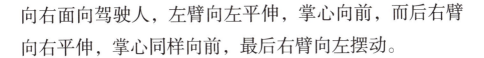

向右面向驾驶人，左臂向左平伸，掌心向前，而后右臂向右平伸，掌心同样向前，最后右臂向左摆动。

3. 左转弯信号

左转弯信号表示准许车辆左转弯，在不妨碍被放行车辆通行的情况下可以掉头。交警侧身向左面对驾驶人，右手抬起，左手摆动，用左手划出一个弧形来引导驾驶人向左转弯。

4. 左转弯待转信号

左转弯待转信号表示的含义是准许左方左转弯车辆进入路口，沿左转弯行驶方向靠近路口中心，等候左转弯信号。交警侧身向左面向驾驶人，右手紧贴裤缝，左手由 45 度位置下压。

5. 右转弯信号

右转弯信号表示准许右方的车辆右转弯。交警侧身向右面对驾驶人，左手抬起，右手摆动。这个动作与左转弯信号动作相似，不过交警所面朝的方向正好相反。

6. 变道信号

变道信号表示车辆腾空指定的车道，减速慢行。交警身体和面部朝向驾驶人，左手不抬，右手抬起向左水平摆动。看到交警做出这样的动作后，驾驶人便要降低车速，并变换车道行驶。

7. 减速慢行信号

减速慢行信号表示车辆减速慢行。交警侧身向右面向驾驶人，左手不抬，右手臂从与肩平行处下压到腰部。这个动作与左转弯待转信号颇为相似，我们可以从交警侧身方向，以及左手动作来判断这两种信号。

8. 示意车辆靠边停车信号

示意车辆靠边停车信号表示车辆靠边停车。交警身体和面部朝向驾驶人，左臂向前上方平伸，掌心向前，右臂向前下方平伸，掌心向左摆动。看到这个信号时，驾驶人不仅要停车，而且还要按照交警手部摆动的位置靠边停车。

为看懂这些手势的含义，可以从三个方面入手，即一看交警是否面向我们；二看交警身体朝向哪边；三看交警手部动作。当交警面向我们做动作时，我们就要准备好听从指挥；当交警身体正对我们时，我们便要停止行动或变更车道；当交警侧身面对我们时，我们就要看交警的手部动作，并按规定做出回应。

第六节　识别交通信号灯

　　磊磊和小伙伴们走在放学路上，相互嬉戏打闹。在来到一处十字路口时，正好是黄灯，磊磊打算赶在红灯亮起前迅速冲过马路，但却被路口的志愿者拦住了。这时黄灯已经变成红灯，如果磊磊之前强行通过，一定会被车流拦在路中间，还可能会遭遇一些不可预知的风险。磊磊也意识到冲过去有危险，于是就老老实实地在路口等候，等到绿灯再次亮起时，才和小伙伴们一起通过马路。

　　交通信号灯是交通信号指挥系统中的重要组成部分，是一种基本的道路交通语言。识别交通信号灯不仅要知道其种类，更要清楚各种不同的信号灯所代表的含义，以及与之相关的通行规则。

　　交通信号灯主要由红灯、绿灯、黄灯组成，红灯表示禁止通行，绿灯表示准许通行，黄灯表示警示。在日常生活中，我们在公路交叉口、弯道、桥梁等处，都可以看到交通信号灯。这些交通信号灯可以引导机动车驾驶人和行人高效通行，保证道路交通的畅通有序，避免交通事故的发生。

根据相关法规，交通信号灯分为机动车信号灯、非机动车信号灯、人行横道信号灯、车道信号灯、方向指示信号灯、闪光警告信号灯、道路与铁路平面交叉道口信号灯。

1. 机动车信号灯与非机动车信号灯

机动车信号灯是由红色、黄色、绿色三个颜色实心圆形图案组成的一组信号灯，主要用于引导机动车通行；非机动车信号灯是由红色、黄色、绿色三个颜色自行车图案组成的一组信号灯，主要用于引导非机动车通行。

绿灯亮时，准许车辆通行，但转弯的车辆不得妨碍被放行的直行车辆、行人通过；黄灯亮时，已越过停止线的车辆可以继续通行；红灯亮时，禁止车辆通行。在未设置非机动车信号灯和人行横道信号灯的路口，非机动车和行人应当按照机动车信号灯的指示通行。红灯亮

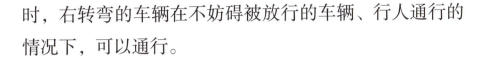

时，右转弯的车辆在不妨碍被放行的车辆、行人通行的情况下，可以通行。

2. 人行横道信号灯

人行横道信号灯由红、绿两色组成，红灯是一个站立不动的人形图案，绿灯则是一个正在行走的人形图案。人行横道信号灯通常设置在人流较多的路口，有的与机动车和非机动车信号灯架设在一起，有的则以单独立杆的形式设置在人行横道两端。人行横道信号灯的绿灯亮时，准许行人通过人行横道；红灯亮时，禁止行人进入人行横道，但是已经进入人行横道的，可以继续通过或者在道路中心线处停留等候。

3. 车道信号灯

车道信号灯由红色叉形灯（或箭头灯）与绿色箭头灯组成，多设置在可变车道上，引导当前车道车辆通行。车道信号灯的绿色箭头灯亮时，准许本车道车辆按指示方向通行；红色叉形灯或者箭头灯亮时，禁止本车道车辆通行。

4. 方向指示信号灯

方向指示信号灯由红、黄、绿三色箭头图案组成，通过不同的箭头指向，引导机动车直行、左转或右转。方向指示信号灯的箭头方向向左、向上、向右分别表示左转、直行、右转。

5. 闪光警告信号灯

闪光警告信号灯为持续闪烁的黄灯，提醒车辆、行人通行时注意瞭望，确认安全后通过。

这种信号灯并不具备控制交通的作用，主要起提醒、警示作用，在只有闪光警告信号灯的路口，我们需要按照没有交通信号或交通标志控制路口的通行规定通行。

6. 道路与铁路平面交叉道口信号灯

道路与铁路平面交叉道口信号灯由两个交替闪烁的红灯或一个红灯组成，主要设置在道路与铁路相交的路口。道路与铁路平面交叉道口有两个红灯交替闪烁或者一个红灯亮时，表示禁止车辆、行人通行；红灯熄灭时，表示允许车辆、行人通行。

在日常生活中，我们既要识别各种交通信号灯的含义，也要在交通实践中自觉遵守交通信号灯的指示。同时，提前判断好交通信号灯的转换，不要在信号灯即将转换时横过道路，这是确保我们出行安全的关键。

第三章
不可不知的交通安全常识

第一节　过马路时要注意观察

　　小陈是个不折不扣的低头族。一天，走在路上的小陈正痴迷地看手机，手臂却突然被人一把拉住狠狠朝后扯。险些没站稳的小陈生气地打算质问拉他的人，但抬头才发现，原来自己只顾着看手机，差点儿和左侧驶来的车辆撞上。看着从眼前疾驰而过的车辆，小陈心有余悸地向路人道了谢。

　　过马路时观察道路状况，是安全通行的一个基本常识。有人可能认为，只要不像事例中的小陈一样低头过马路，就一定不会遭遇交通事故。可实际上，交通事故中的受害者并不一定是交通法则的违规者。

　　《中华人民共和国道路交通安全法实施条例》第三十八条规定，机动车和非机动车信号灯红灯亮时，右转弯的车辆在不妨碍被放行的车辆、行人通行的情况下，可以通行。所以，在红灯亮起的时候，车辆是允许右转的，这种时候就有可能存在人车并行的情况。如果驾驶车辆的司机遵守交通法规，那必然会优先礼让被放行的车辆和路人；但有些司机因为赶时间可能会想尽快通过，这个时候，拥有"优先通过权"的行人如果不注意观察侧向的路况，就极有可能会与急于转弯通过的车辆相撞。

这就是典型的"我没有违反交通法则，但仍然遭受了交通事故所带来的伤害"。无论是车辆的穿行还是人流的往来，这一切都处在动态的变化中，加上许多小街道并未设置交通灯或斑马线，道路的情况就变得更加复杂。因此，中小学生要安全通行，需要时刻注意观察路况，做到以下几点：

第一，不要越过路缘石（俗称"马路牙子"）。路缘石可以说是车辆行驶和行人运动空间的一道分界线。如果我们站定的位置越过路缘石了，那就有可能是站在了非机动车道甚至是机动车道上，很容易发生危险。同时观察信号灯，绿灯亮起后也要注意观察左侧是否有右转车辆，如果发现有车辆驶来，先停下脚步让车辆驶过之后再行通过；若左侧右转的车辆示意行人先走，也要等其彻底停稳之后再通过。

第二，在通过没有信号灯但有斑马线的道路时，要先观察左右两侧的来车，如有疾驰车辆应站在安全位置等待车辆行驶通过后，再从斑马线上通过；如遇车辆有礼让行人的意图，我们也要等到对方将车停稳之后再通过。

第三，在通过没有信号灯且无斑马线的道路时，要停下来仔细观察左右两个方向的来车情况，做到"左看右看再左看"。但需要注意的是，在过马路时我们应尽快以直线通过，不要无故在马路中间做长时间的停留。

第四，通过马路时，要将手举过头顶，确保自己被看见。举手会增加我们被看见的概率。我们可以将手举过头顶，举到最高处，向驾驶人传递你要过马路的信号，确保他提前减速让行。

因此，不仅开车的司机在行车过程中要观察道路上的变化，我们作为行人，也要仔细观察道路情况，确保安全后再行通过，只有车辆和行人双方都做到行动前先观察道路动态，我们才会更安全。

第二节　过马路要走斑马线

　　一日清晨，上学即将迟到的小张拿着早餐在人行道上狂奔。来到一处十字路口时，为了赶时间，他并没有走人行横道，而是直接斜穿马路。自认为足够安全的他，本以为能顺利到达对面，却没想到被正在转弯的汽车撞倒在地。最终，小张不仅没能准时到达学校，还因为受伤比较严重，被送到了医院。

　　过马路要走斑马线，这是每个人都应该知道的交通安全常识，了解斑马线上的交通规则，有利于我们更好地出行，确保自身生命安全。事例中的小张因为赶时间而斜穿马路，不仅影响了交通秩序，也给自己造成了伤害。

　　斑马线是一种绘制在路面上的交通标线。《中华人民共和国道路交通安全法实施条例》第七十五条规定："行人横过机动车道，应当从行人过街设施通过；没有行人过街设施的，应当从人行横道通过；没有人行横道的，应当观察来往车辆的情况，确认安全后直行通过，不得在车辆临近时突然加速横穿或者中途倒退、折返。"

上述规定中的"人行横道"就是斑马线，而"行人过街设施"指的则是过街天桥、地下通道等设施。从上述规定可以看出，在横过道路时，行人过街设施应是第一选择；在没有行人过街设施时，可以选择人行横道通过；若没有人行横道，则要仔细观察过往车辆，在确认安全后再通过。

相对来说，从行人过街设施上横过道路是最为安全的。但需要注意的是，在过街天桥上通行时，一定不要攀爬、倚靠天桥护栏，以免发生事故。除此之外，在过街天桥上通行时，不能向下方的机动车道抛撒杂物，影响机动车的正常通行。如果因为我们抛撒的杂物导致了交通事故的发生，那我们也要承担相应的法律责任。

在一些没有设置行人过街设施的道路上，要通过这些道路时，一定要按照信号灯的指示，从人行横道上通过。在过人行横道时，一定要注意以下几点：

首先，过斑马线前一定要先停下来，看看两个方向的车辆是否都已经停止。在这里要特别强调一个细节，那就是即使斑马线上人行横道信号灯是绿灯，也要先停下来观察。因为有些车辆可能因行驶速度过快，在斑马

线前无法及时停车，此时过马路就有被碰撞的危险。

其次，通过人行横道时，不可加速横穿，也不能盲目后退。如果遇到没有信号灯的人行横道，在通过时，我们要谨慎小心，如果在路途中遇到有机动车驶近，我们应根据当时的情况停下脚步，不能加速向前横冲，也不能马上后退折返。只有让机动车驾驶人了解我们接下来的行动，才能确保我们的人身安全。

最后，过斑马线时，也要注意观察车辆，要注意观察道路上行驶的车辆在斑马线前是否停下来了，也要注意观察路边停放的车辆，看车内是否有驾驶人或车灯是否开启，因为这些车辆随时都有启动的可能。过斑马线时还要留意转弯车辆，千万不要处在驾驶人看不见的盲区内。

第三节　马路不是游乐场

在一个阳光明媚的周六午后，小李拿着自己新买的滑板车与小伙伴们在小区周边的人行道上玩耍。因为狭窄的人行道限制了他的技能发挥，他提议大家一起去宽敞的马路上滑滑板。小伙伴们看到马路上并没有多少车辆，便欣然接受了小李的提议。

马路上不仅宽敞，而且路面平整，小李不断展现各式酷炫动作，引来小伙伴们阵阵欢呼。正当大家忘乎所以地玩耍时，一辆小汽车突然从弯道处开出，虽然小汽车司机及时刹住了车，但快速滑行的小李却依然撞到了车上，重重地摔在地上。

活泼好动是中小学生的天性，但这并不意味着我们可以在任何场所随意打闹玩耍。城市道路是供行人和车辆通行的场所，并不是封闭安全的游乐场，在这里玩耍打闹，不仅会影响交通秩序，还会危害到我们自身的生命安全。试想一下，如果小李撞上了一辆全速行驶的机动车，那后果真是不堪设想。

"马路不是游乐场"，相信家长和老师不止一次说过这样的话，但我们了解这句话的意思，并将这句话记在心中了吗？近年来，中小学生因为缺乏交通安全意识，在马路上玩耍从而引发交通事故的事件时有发生，这不禁再一次为我们敲响了警钟。

《中华人民共和国道路交通安全法实施条例》第七十四条规定，行人不得有下列行为：（一）在道路上使用滑板、旱冰鞋等滑行工具；（二）在车行道内坐卧、停留、嬉闹；（三）追车、抛物击车等妨碍道路交通安全的行为。之所以这些行为会被禁止，是因为其不仅会扰乱正常的交通秩序，还会对行为人本身及其他人的生命安全造成危害。

很多中小学生放学后，喜欢在回家的路上嬉戏打闹，即使在过马路时，也是你追我赶，要知道这种行为是十分危险的。试想一下，机动车驾驶人正在全神贯注地开车，我们在同伴的追逐下，突然蹿到机动车前。如此短的时间内，机动车驾驶人根本来不及反应，如果遇到的是大型车辆，即使驾驶人采取了紧急制动措施，车辆也会因惯性继续向前行进，这时我们就会受到伤害。

鉴于此，我们应该时刻将"马路不是游乐场"这句

话记在心间，规范自己的行为，即使是在人行道上，也不要嬉戏打闹。不要因为一时的痛快，而造成不可挽回的结果。

除了不在道路上坐卧、停留、嬉闹外，还有一些行为也需要注意。比如，一些同学喜好听音乐，在横过马路时，也戴着耳机。在日常生活中，佩戴耳机收听音乐并没什么错，但如果在过马路时专注于听音乐，就可能听不到机动车的鸣笛声，很可能会引发各种各样的交通事故。

除了戴耳机听音乐外，一些喜欢刷手机或打游戏的同学，在行走甚至横过马路时，双眼只盯着手机。这种行为要比戴耳机听音乐更加危险，当我们的注意力都被手机吸引时，道路上的风险就会悄悄向我们袭来。

除了这些之外，追车、抛物击车也是被禁止的行为。一些比较淘气的同学会将石子或杂物丢弃在车道上，一些同学甚至会向正在行驶的车辆抛扔杂物。这些行为不仅会对道路交通环境造成影响，还会危害到机动车驾驶人及其他人的生命安全，是法律明令禁止的行为。

跨越围栏、倚靠护栏等隔离设施也是被禁止的行为。《中华人民共和国道路交通安全法》第六十三条规定，行人不得跨越、倚坐道路隔离设施，不得扒车、强行拦车或者实施妨碍道路交通安全的其他行为。一些中小学生日常有翻越护栏的行为，这既违反了相关交通法律法规，同时也是对自己生命安全的一种漠视。

很多交通事故都是由很小的一件事所引发的。所以，中小学生一定不要把马路当作游乐场，这样既是对自己的生命安全不负责任的表现，也是对他人生命安全不负责任的表现。

第四节　穿着醒目保安全

在一个雾蒙蒙的清晨，小亮举着一个圆形玩具，打算向小伙伴们展示它的神奇之处。他轻轻一掷，圆形玩具就自己飞了出去，一会儿又自己飞了回来。小亮看到小伙伴们羡慕的眼神，一时忘乎所以，竟然直接将圆形玩具掷向马路中央，这次圆形玩具却没有飞回来，而是落在了马路中间。

因为担心玩具被汽车轧坏，小亮径直冲向马路中间。突然，传来一声急促的鸣笛声，小亮被吓倒在地，这时候一辆小汽车停在距离他不到半米的位置。虽然雾气影响司机的视线，好在小亮穿着一件亮黄色上衣，很醒目，司机发现后及时刹车，才避免了事故的发生。

中小学生在道路上通行时，身着颜色鲜亮的服装，更容易被机动车驾驶人发现，也更容易避免交通事故。事例中的小亮违反交通规则横穿道路，如果不是因为穿

着颜色鲜亮的衣服，很可能会遭遇严重的交通事故。

大家仔细观察会发现，交警在道路上执勤时都会穿绿色荧光服。即使是在寒冷的冬天，他们也会套上一件绿色的荧光马甲。为什么要穿着这样的服装呢？这是因为在道路上通行（或执勤）时，越醒目越安全。交警在执勤时，经常会站在道路中央，指挥车辆通行。为了让车辆驾驶人看清自己的位置，交警便会穿着颜色鲜亮的服装。除了服装之外，交警手中所拿指挥棒的颜色也比较鲜亮，一些指挥棒还会发出红色或蓝色的亮光。利用这些发光的指挥棒，交警便可以更好地指挥交通。

除了交警之外，环卫工人工作时也会穿着颜色比较醒目的工作服。环卫工人的衣服多呈橘黄色，上面还有一些银白色的反光条带。这种衣服可以提醒车辆驾驶人注意观察，保障在道路上工作的环卫工人的生命安全。

近年来，越来越多的家庭购置了轿车。每天上下学的时间段，学校门口的轿车都会排起长龙。轿车数量的增多让道路交通状况变得更为复杂，给中小学生的安全出行带来了一定影响。中小学生的体形是相对较小的，在道路上不容易被发现，如果我们身着颜色鲜亮一些的服装，就会更容易被车辆驾驶人发现。

其实，关于这一点，学校和有关部门早已采取了多种措施。比如，我们乘坐的校车都是按照专用校车国家标准设计和制造的，外观颜色鲜亮，在道路上行驶时，其他车辆就会轻松识别校车，并主动避让。除了校车，"小黄帽"也是一种醒目的标识，可以为我们的出行提供安全保障。"小黄帽"由于采用了亮黄色醒目面料和反光条，在白天辨识度很高，在夜晚光线较弱的情况下则可以反射亮光，这可以提醒车辆驾驶人注意。另外，在日常生活中，当我们与小伙伴外出游玩或是一同上学时，也可以选择穿着颜色鲜亮的衣服，这可以在一定程度上保障我们的出行安全。

第五节　汽车盲区要远离

周五傍晚，小秦和几个小伙伴在小区的停车场玩捉迷藏的游戏。有的人躲在汽车后面，有的人藏在汽车侧面，有的人甚至钻到了汽车底部。正当几个孩子玩得不亦乐乎时，一声尖叫从不远处传来。原来，躲在汽车尾部的小秦被倒车的汽车撞倒在地，为了防止汽车再次回退，他赶忙大叫起来。司机听到叫声，赶忙停车，并下车查看。司机很疑惑：明明自己在倒车前检查过尾部没有人，为什么还会撞倒孩子呢？其实，小秦是在司机上车后才躲到汽车尾部的。小秦自己也很疑惑：为什么自己在汽车后面，司机却看不到自己呢？经过司机叔叔的一番解释后，他才知道，自己当时正处于十分危险的汽车盲区。

我国交通法规对车辆驾驶人安全驾驶做出了许多规定，其中就包括开车前要检查汽车盲区。不过，即使驾驶人能够做到这一点，也可能会遇到一些突发状况，如有人突然躲到汽车尾部，已经上车的司机通过后视镜也无法察觉到。如果小秦能够提前了解一些汽车盲区的知识，那他便不会遭遇这种危险了。

一般来说，机动车驾驶人在上车前会对车前、车后进行检查，以免自己在开动车辆后，撞到处于视野盲区的人或物。这是每一位机动车驾驶人在考取驾驶执照时，都必须接受的考核。但在现实生活中，一些驾驶人往往做不到这一点，有时即使他们做到这些，也避免不了意外事故的发生。

除了车辆驾驶人要注意盲区，其他人也都需要注意机动车的盲区。一般来说，小型汽车的驾驶盲区主要是车前和车后。因此我们平时一定要远离这些位置，更不要在这些位置玩耍。中型汽车和大型汽车的驾驶盲区相对较大，尤其是大型汽车，几乎车身四周都是驾驶人的视野盲区。即使是成人，处于大型汽车的视野盲区时，也很难被驾驶人发现，更不要说作为青少年的我们了。因此，我们在道路上通行时，一定要格外注意大型汽车，无论是步行，还是骑行，都要与大型汽车保持足够的安全距离，以免进入大型汽车的视野盲区之中。

除此之外，我们还要注意不要在大型汽车的右侧行走，这里不仅是大型汽车视野盲区最大的地方，也是其

最容易侧翻的地方。如果我们已经处于大型汽车的右侧，那最好与其保持 2 米以上的距离，这样才能保障我们的安全。

对于那些处于停止状态的大型汽车，我们也不应靠近；如果确实需要从旁经过，也应谨慎小心，不要做过多停留，以免汽车启动时，我们处于视野盲区。

了解了机动车的视野盲区，我们还需要了解机动车"内轮差"的相关知识。所谓"内轮差"，就是车辆在转弯时内前轮转弯半径与内后轮转弯半径之差。车辆在转弯时，会因为"内轮差"而产生较大面积的弯月形状视野盲区，如果我们恰好处于这一盲区之中，就很容易被车辆剐蹭或撞倒。

一般来说，车辆的车身越长，转弯时的幅度就会越大，其因为"内轮差"所形成的视野盲区也就越大。在一些交通事故中，很多大货车与行人相撞，都是因为大货车在转弯时，行人正好处于其"内轮差"视野盲区。在被撞行人的意识中，大货车的前轮已经顺利经过自己的身边，那后轮便也能顺利通过，实际上，由于"内轮差"的存在，大货车的后轮所行进的轨迹会经过行人所处位置。正因如此，行人被大货车撞倒在地。

在日常生活中，如果要通过路口，或在路口等待通行时，我们一定要多注意观察左后方是否有驶来的大型车辆（大货车、公交车等）。如果有大型车辆驶近，我们一定要与其保持足够的横向距离，离开其"内轮差"视野盲区，等待大型车辆顺利转弯后，再通过路口，切不可与大型车辆抢行。

第六节　慎用电动平衡车代步

　　乐乐看到不少同学都购买了电动平衡车，也催促着妈妈为自己买一台，这样每天上下学都可以节省不少时间。耐不住乐乐的软磨硬泡，妈妈在网上给乐乐选购了一台电动平衡车。自此之后，乐乐每天都踩着自己的电动平衡车上下学，学校不允许将电动平衡车带入校园，他便将车子寄存在学校旁边的商店。一天放学，乐乐看到了同样踩着电动平衡车的小淘，两人为了比拼个高下，便在马路上飙起车来。就在马上要超越小淘之时，乐乐突然失去平衡，从电动平衡车上摔了下来，幸好被好心人及时送到医院，没有什么大碍。

　　电动平衡车可以靠骑行人重心的移动来减速、加速和转向，看上去十分酷炫，因此有不少同学选择将其作为代步工具。殊不知，电动平衡车速度较快且不易控制，很容易引发交通安全事故。如果事例中的乐乐因电动平衡车故障而卷入交通事故之中，后果将会更为严重。

电动平衡车，又被称为体感车、思维车。近年来，打着智能科技、便携安全旗号的平衡车深受许多孩子的喜爱，大有取代滑板、旱冰鞋等滑行工具的趋势。电动平衡车没有油门，也没有刹车，完全依靠骑行人身体的倾斜来实现加减速和转向，只要骑行人稍一分神，就有可能失控摔倒。如果在车流较多的道路上摔倒，骑行人还可能遇到更为严重的交通安全事故。

正如前文提到的那样，《中华人民共和国道路交通安全法实施条例》第七十四条规定了行人不能在道路上使用滑板、旱冰鞋等滑行工具。电动平衡车与滑板、旱冰鞋一样，既不是机动车，也不是非机动车，而属于滑行工具，所以是不允许上路行驶的。

我国有关部门曾分批次对市场上销售的电动平衡车进行抽检，发现有一些电动平衡车的"超速保护"和"驻坡能力及保护"存在较为严重的问题。"超速保护"项目不合格意味着电动平衡车在行驶过程中即使处于超速状态，也无法自行降速，这会为骑行人带来较大的安全隐患；"驻坡能力及保护"存在问题，意味着我们在骑行电动平衡车经过一定坡度时，不能正常停驻，甚至会出现倒退溜车的情况，这很容易让我们向前扑倒在地上。

　　除了产品质量问题外，电动平衡车的适用性也是其不能作为代步工具的一个重要原因。城市道路路况复杂，虽然有环卫工人和路政部门负责清扫、修整路面，但依然没有办法保证路面的干净、平整。对较小的杂物、坑洞，机动车可以顺利通过，而电动平衡车却很难通行，甚至是很小的路面起伏，都可能导致踩在平衡车上的我们摔倒在地。

　　其实，家长为孩子购买电动平衡车时，大多都考虑到了这种问题，并严格要求孩子不能在城市道路上骑行。那这是不是说我们在小区或公园广场上，就可以随意骑行平衡车呢？当然不是。要知道，电动平衡车既不是玩具，也不是交通工具，在使用它时，也要像使用滑板、旱冰鞋那样，配备好相应的防护设备。

在小区或封闭广场中骑行电动平衡车时，一定要多注意、多观察，不能一味追求速度，尽量不要在不平整的道路上骑行，以免发生危险。如果小区中来往车辆或行人较多，那最好也不要在小区中骑行，以免自己反应不及时，与机动车或其他人发生碰撞。

中小学生由于尚未成年，身体协调能力与平衡机能尚处于发育阶段，在使用电动平衡车时，很难安全自如地操作，一旦发生意外，便可能会对身体造成严重的不可逆伤害。因此我们在使用电动平衡车前一定要多加思考，不要因为好奇而盲目尝试。

城市道路是供行人和车辆通行的场所，人流、车流来往不断，即使正常行走，都要保持专注，使用电动平衡车等并不稳定的滑行工具，很容易引发交通事故。因此，在日常生活中，我们不应以电动平衡车代步，在使用电动平衡车时，也要做好防护，并选择安全合适的区域。

第四章
交通安全无小事

第一节　骑行不做危险行为

　　周六午后，小峰与同学相约一起骑车出行。虽然几个人刚满 12 周岁，但骑自行车的技术却都"非常了得"。由于小区内道路狭窄，几个小伙伴决定去宽敞的非机动车道上骑行。在小峰的带领下，几个小伙伴纷纷双手离把骑行。为了进一步证明自己的车技高超，小峰与另一个小伙伴还勾肩搭背一起骑行，几个人有说有笑地穿梭在道路之上。突然，正在前方骑行的一位阿姨减慢了速度，小峰因为反应不及，连人带车都撞在了阿姨身上，不仅把阿姨撞伤在地，自己的手腕与大腿也受了伤。

　　骑行相较于步行更高效，但是风险也不小。对于小峰这样年纪的中学生来说，正常骑行尚且要提高警惕，非正常骑行简直就是在拿自己和他人的生命安全冒险。在上面的事例中，小峰因为不规范骑行，不仅伤到了自己，还伤到了他人，实在是不应该。

　　《中华人民共和国道路交通安全法实施条例》第七十二条规定，驾驶自行车、三轮车必须年满 12 周岁。这就是说，当我们年满 12 周岁时，便获得了在道路上驾驶自行车的资格。但是，想要真正骑行上路，我们还需要先将自己的骑行技术训练扎实才行。除了年龄方面的规定外，这一条中还有一些在道路上骑行自行车需要遵守的其他规定。比如，不得牵引、攀扶车辆或被其他车辆牵引，不得双手离把或手中持物；不得扶身前行、互相追逐或者曲折竞驶等。

　　在日常生活中，一些同学自认"车技高超"，以双手离把的方式骑行。这是一种非常危险的骑行行为，不仅容易使自己摔倒，还可能会影响到道路上的其他人或车辆。也有一些同学为了证明自己"车技高超"，与其

他同学在道路上竞相追逐、不断超车。这也是一种危险的骑行行为，即使在非机动车道上，也很容易引发意外事故，对自己或他人造成人身伤害。

除了这些危险行为外，还有一些骑行行为容易引发危险，也是需要注意的。比如，在非机动车道上骑行时，与前车距离太近，这时如果前车突然刹车，我们若反应不及，很容易造成两车相撞，或连环摔车的情况。因此在骑行时，我们要尽量与前车保持一定的安全距离，不要让自己的前车轮与前车的后车轮贴得太近。

此外，骑行拐弯时突然猛拐，超越前车时阻碍对方正常骑行，也是骑行中的危险行为。《中华人民共和国道路交通安全法实施条例》第七十二条规定，骑行转弯前应当减速慢行，伸手示意，不得突然猛拐，超越前车时不得妨碍被超越的车辆行驶。路口弯道处很容易发生交通事故，在骑行通过这些区域时，一定要保持专注，减速慢行，观察好前后路况后，再安全转弯。

此外，遇到潮湿或结冰的路面，尽量不要继续骑行，推车前行才是正确选择。道路过于潮湿会影响自行车的刹车性能，如果遇到下坡时，很容易造成刹车失灵，进而造成严重事故。在雨天骑行时，将车胎充气太满，则容易造成打滑摔车情况，这一点也需要我们多加注意。

骑车撑伞、骑车接打电话、骑车带人会进一步降低我们对自行车的掌控力。因此，在骑行过程中，我们应该避免做出这些危险行为。

除了这些，我们还应在骑行前对自行车的车铃、车锁、车轮、车胎和刹车进行检查，以免在骑行过程中出现一些意想不到的问题。如果自己刚刚学会骑行，最好选择在封闭的广场、操场等人员较少的地方进行练习，不要贸然上路。

中小学生骑自行车出行既能节省时间，提高出行效率，又低碳环保。但是，一定要记住不要在骑行中做出各种危险行为，因为这样既对自己的人身安全不利，也会伤害到其他人。

第二节 乘坐公交车要守秩序

一天午后，奶奶带着兵兵乘坐公交车去商场。在公交车上，淘气的兵兵不停叫嚷着要换到后面的座位上坐。奶奶不肯，他就不停地吵闹，最终在好心乘客的帮助下，兵兵顺利坐到了后面座位上。没一会儿，他又不安分起来，先是用脚踢蹬前方座椅，而后又站起来在车内来回跑动。乘客与司机劝阻，兵兵就用眼睛瞪着对方，一脸不悦的样子。他折腾累了，让奶奶抱着自己，去够车上的扶手。这次，司机直接停车，批评了兵兵的行为。无奈之下，奶奶只好带着兵兵提前下车。

在公交车上嬉戏打闹、乱跑乱跳，不仅会影响到其他人的乘车体验，也会为自己带来危险。事例中兵兵的行为严重影响了公交车上的秩序，影响了公交车的正常行驶，是非常错误的行为。

现在，很多家庭都购置了私家车，但有许多人依然会选择乘坐公交车出行。选择这种方式出行既节约又环保，乘车时还能欣赏道路周边的风景，对于缓解交通拥堵问题也有一定帮助。

公交车上属于公共场所，会有许多人同时乘坐，在这种集体乘车情境下，只要有一个人不遵守乘车礼仪，就会破坏原本和谐的乘车氛围，严重时还会引发一些本可避免的交通事故，造成较为严重的人员伤亡。

很多同学在上下学时，也会乘坐公交车，大多数同学都知道遵守乘车礼仪，但也有一些同学却并不知道自己的行为扰乱了正常的乘车秩序。那么，在集体乘坐公共交通工具时，都有哪些行为是扰乱正常乘车秩序的呢？

首先，上车时随意推搡、插队、争抢座位。这种行为不仅不会提高大家上车的效率，反而容易引发各种矛盾。在上车时，应自觉排队；上车后，要有序寻找座位，不能一个人占据多个座位。

其次，在车上大喊大叫、乱跑乱跳、随意刻画、损坏公共设施。在车上喊叫、跑跳会严重影响乘车秩序，为他人带来不好的乘车体验，干扰司机的正常驾驶，容易引发交通事故，也可能会让自己受伤。

再次，在车上随意向车内或车外抛撒杂物。这种行为不仅破坏了公共交通工具上的环境卫生，还会影响其他人的乘车体验。向车外抛撒杂物在污染道路环境的同时，也可能对其他车辆和行人造成影响，进而引发各类交通事故。集体乘车时若要丢弃杂物，应将其丢在车上的垃圾桶中；若没有垃圾桶，则应该用袋子装好，下车后再扔到垃圾桶中。

最后，不要在公交车上与驾驶员聊天，或干扰驾驶员正常驾驶。与驾驶员聊天会分散他们的注意力，是一种危害行车安全的行为。抢夺转向盘、推搡驾驶员等干扰驾驶员正常驾驶的行为，更是严重危害行车安全的行为，需要承担相应的法律责任。

上面提到的这些行为，都是乘坐公共交通工具时需要禁止的行为。我们除了要了解这些必须禁止的行为外，还需要了解一些集体乘车时的礼仪。

中小学生集体乘车时要遵守秩序，还要积极发扬尊老爱幼的传统美德，主动为老、弱、病、残、孕和抱小孩的乘客让座。需要注意的是，在为他人让座后，我们应该确保自己在乘车时的安全，在车上站立时，要抓紧扶手，够不到扶手时，则要扶好车内的竖杆，或是座椅靠背。

在集体乘车时，拥挤是在所难免的，因为拥挤而发生的小摩擦也多有发生。因此，我们应以宽容大度的胸怀去体谅他人的过错，如果自己给他人造成了麻烦，则要主动承认错误。如果每个人在乘车时都可以互谅互让，那我们就能收获一个和谐美好的乘车环境。

如果我们在公交车上没有座位，尽量不要挤在车厢前面，要往车厢中部或后部走，但也不要在后门区域站立，以免被车门误伤。到站下车前，要在确保自身安全的情况下，提前做好下车准备，等车辆停稳后，再行下车。

公交车是一种集体代步工具，在集体乘车时，我们每个人都应该遵守公共交通工具上的规定。文明乘车，既是对自己的生命负责，也是对他人的尊重。

第三节　坐电动自行车要佩戴头盔

平日里，婷婷上下学所乘坐的交通工具是妈妈驾驶的电动自行车。一天，妈妈正载着婷婷准备通过路口，却突然被交警叔叔拦了下来，婷婷和妈妈都十分诧异。交警对婷婷和妈妈说乘坐电动自行车时要佩戴头盔。乘坐电动自行车还需要佩戴头盔吗？婷婷和妈妈都发出了这样的疑问。听了交警的一番解释，婷婷和妈妈了解到乘坐电动自行车时佩戴头盔的必要性，以及不戴头盔可能出现的风险。

电动自行车是一种比自行车更为快速高效的代步工具，其操控要求也比自行车要更高一些。因此，中小学生在未满法定年龄时，禁止驾驶电动自行车，在乘坐电动自行车时，也要佩戴好头盔，这样才能更好地保护自己的生命安全。

《中华人民共和国道路交通安全法实施条例》第七十二条规定，驾驶电动自行车和残疾人机动轮椅车必须年满 16 周岁。由于绝大多数中小学生未满 16 周岁，所以是不允许驾驶电动自行车的。我国不少城市出现了许多共享电动自行车，这些车看似与自行车相似，但速度却很快。一些同学认为这些电动自行车靠骑行助力，自己可以用来代步。但仔细观察这些电动自行车，就会发现在它们的车把或车头位置，都写着"未满 16 周岁禁止骑行"，所以中小学生也不能驾驶这些共享电动自行车。

中小学生虽然不能驾驶电动自行车，但很多人却乘坐父母驾驶的电动自行车上下学。不过，在乘坐电动自行车时，我们需要佩戴好安全头盔。《中华人民共和国道路交通安全法》第五十一条规定，机动车行驶时，驾驶人、乘坐人员应当按规定使用安全带，摩托车驾驶人及乘坐人员应当按规定佩戴安全头盔。在这一规定的基础上，我国各地区相应推出了针对电动自行车的管理条例。

为了加强电动自行车管理，引导文明出行，预防和减少交通事故、火灾事故，保障人民生命财产安全，很多地区结合《中华人民共和国道路交通安全法》和《中华人民共和国道路交通安全法实施条例》等法律法规，制定了电动自行车相关的管理条例。这些管理条例中大多都明确规定了驾驶、乘坐电动自行车应当按照规定佩

戴安全头盔。

根据相关调查数据，我国低年级小学生乘坐电动自行车出行的比例较高，家长骑电动自行车带孩子上路，安全风险也比较高。在一些交通事故中，骑电动自行车的家长和携带的孩子受到的伤害更多、更严重，很多都是颅脑损伤。其中主要的原因是他们都没有佩戴安全头盔。

安全头盔，顾名思义是保护骑乘人员生命安全的头盔，其与一般头盔不同，能够更好地抵御外界对骑乘人员脑部的冲击。如果骑乘电动自行车，未佩戴安全头盔，或是佩戴了一般头盔，那在遭遇意外事故时，骑乘人员的脑部很容易直接受到冲击，进而遭遇重大人身伤亡情况。所以，中小学生乘坐电动自行车一定要佩戴安全头盔。

需要注意的是，我们要选择符合国家安全标准的头盔。同时尽量选择那些大小合适、标准合规的头盔，儿童有儿童专用的安全头盔，成人有成人专用的安全头盔，我们佩戴父母的安全头盔，很可能起不到正常的防护作用。

骑电动自行车佩戴安全头盔，让我们和家长更安全。我们也要告诉家长，骑电动自行车的时候，不要闯红灯，不要在机动车道上骑行、逆行，一定要遵守交通规则。

第四节　乘车就系安全带

一个阳光明媚的午后，晴晴一家出门去玩。爸爸负责开车，妈妈坐在副驾驶位"指挥"，晴晴则在后座看手机。路上车辆比较少，爸爸慢慢提起车速，打算早些到达目的地。晴晴则扒着主驾驶与副驾驶的座椅，看着爸爸开车。

突然间，不知从哪里蹿出来一条小狗，晴晴爸爸迅速做出反应，紧急刹住了车。但是，在惯性作用下，晴晴从后座直接冲向了前方，脑袋撞在了车挡玻璃上。原来，晴晴坐在后座没有系安全带，她摸着脑袋上肿起的包，委屈地哭了起来。晴晴妈妈为了防止再出现意外，亲自为晴晴系好安全带，并为晴晴讲解了不系安全带的危害。重新出发后，晴晴安心地坐在后座上，欣赏着车窗外的风景。

无论是乘坐私家车，还是长途汽车，系安全带都是上车后我们要做好的第一件事。事例中的晴晴如果上车就系好安全带，便不会因为爸爸突然刹车而受伤。在交通事故中，安全带就是"生命带"，它能拯救我们于危难之中，保护我们的人身安全。

在日常出行时，乘坐机动车是一种快捷、高效的选择。无论是乘坐私家车还是出租车、网约车，上车都必须首先系好安全带。安全带是一种有效的安全防护装置，对司机和乘客的人身安全起着保护作用。当高速行驶的汽车发生碰撞或遇到意外情况，司机实施紧急刹车时，安全带能够将驾乘人员束缚在座位上，有效预防司机或乘客被甩出座位甚至被甩出车外，并且还可以防止发生二次碰撞。同时，安全带有缓冲作用，能吸收大量的撞击能量，减轻驾乘人员的受伤害程度。

《中华人民共和国道路交通安全法》第五十一条规定，机动车行驶时，驾驶人、乘坐人员应当按规定使用安全带。在这条法规中，很多人都只记住了驾驶、乘坐机动车要系好安全带，却忽略了要按规定使用安全带。如果不能正确使用安全带，即使系上了安全带，也很难避免意外事故造成的伤害。那么，安全带要怎样系才算正确呢？

首先，在上车之后，我们需要根据自己的身高、身形来调节安全带的高低。安全带高度调节装置多位于车

门框处，如果找不到调节位置，可以询问驾驶人，请他帮忙调节。若不调节安全带的高低，导致安全带过松，便无法起到正常的防护作用。

其次，安全带的斜带要横跨过我们的肩膀、锁骨和胸前。如果安全带的斜带系得过高，发生事故时，斜带便可能勒住我们的脖子，对我们造成伤害；如果安全带的斜带系得过低，发生事故时，斜带便可能从我们的肩膀处滑落，失去应有的防护作用。

最后，安全带的横带要系在我们的肚脐下方、胯部位置。我们的肚脐上方是腹部，其内有肠胃与肝脏等器官，如果将安全带的横带系在这一位置，在发生事故时，安全带收紧后可能会对这些器官造成损害。系好安全带后，还要轻拽一下安全带，检查是否牢固。

在了解了这些正确系法外，我们还要对一些错误的安全带系法提高警惕。比如，一些同学在乘坐机动车时，喜欢将安全带系在腋下，这样他们便可以自由活动双手。这种行为看上去很舒服，实际上却让自己失去了"束缚"，当机动车驾驶人急刹车时，安全带根本无法发挥应有作用，这些同学就很容易被甩向车前，或是冲出车外。

我们在乘坐机动车时，还需要检查机动车安全带是否正常。一些机动车上的安全带回弹功能损坏，即使按照正确方法系好，也没办法顺利回弹。在遭遇碰撞事故时，这种安全带是没办法为我们提供安全保障的。

需要注意的是，不论是坐在副驾驶位，还是坐在后排座位上，都应该系好安全带。如果是未满12周岁的学生，不得乘坐前排，最好使用合适的儿童安全座椅。安全座椅的安全带应跨过儿童的肩膀，斜对角贴胸而过；腰带应该跨过大腿根部而不是腹部，这样可以避免勒伤腹部；如果学生身高不足，必须配合使用增高坐垫或者增高座椅抬高他们的身体。

　　小小一条安全带，看上去平平无奇，但在意外事故发生时，却可以拯救我们的生命。交通安全无小事，"上车就系安全带"，我们每个人都应该牢记这句话。

第五节　乘坐机动车要守法

　　一天，多多与妈妈一同乘坐出租车去商场。出租车刚在商场前的路边停好，多多就起身准备开门下车。但是没想到，他的这一举动却遭到了妈妈与司机叔叔的制止。"为什么不让我下车？"多多疑惑地问道。

　　其实，并不是司机叔叔不让多多下车，而是要求多多和妈妈一样，从出租车的右侧下车。多多跟着妈妈下车后，妈妈给他讲解了一番，他才明白了从右侧下车的原因。但是，他有些"不服输"，观察是否有人从左侧下车，结果，来了好几辆出租车，乘客都是从右侧车门下的车。

　　在机动车道上，不从左侧上下车，是每个人都要遵守的交通规则。事例中的多多没有违规下车，既保障了自己的安全，也保障了其他行人的安全。

　　《中华人民共和国道路交通安全法实施条例》第七十七条规定，乘坐机动车应当遵守下列规定：（一）

不得在机动车道上拦乘机动车；（二）在机动车道上不得从机动车左侧上下车；（三）开关车门不得妨碍其他车辆和行人通行；（四）机动车行驶中，不得干扰驾驶，不得将身体任何部分伸出车外，不得跳车；（五）乘坐两轮摩托车应当正向骑坐。

机动车道是专供机动车通行的道路，道路上车辆往来如梭，我们如果盲目在机动车道上拦车，很容易遭遇交通事故。同时，这样的行为也会影响机动车道上其他车辆的正常通行。若想搭乘机动车，我们需要选择在不影响其他车辆通行的宽阔地带拦车，避免在人流、车流较多的十字路口拦车，以免引发交通拥堵或交通事故。

在机动车道上不得从机动车左侧上下车，主要是由于我国的机动车都是右侧通行所致。机动车要靠边停车时，会选择在道路右边停靠，如此一来，车辆的左侧便是机动车道，右侧则是非机动车道或人行道。在这种情况下，选择从左侧上下车，便存在很大的风险，很容易造成交通事故。

从机动车的右侧上下车，既方便，又安全。但是，机动车右侧也可能会有车辆和行人通过。因此我们在上下车前应先前后观望一番，注意是否有车辆或行人即将经过车门附近，如果有车辆或行人要经过，我们就要稍做等待，等车辆或行人通过后，再开门上下车。这也正是制定《中华人民共和国道路交通安全法实施条例》第七十七条第三款"开关车门不得妨碍其他车辆和行人通行"的原因。

中小学生一定要牢记正确的开门习惯：开车门时首先要开一个缝隙，确保下车前后没有行人和车辆经过。提醒父母或者司机停车时尽量靠近路边。如果离路边的距离太大，一些骑电动自行车的骑手会从缝隙中穿过，就会增加发生事故的机会。

我们在乘坐机动车过程中，干扰驾驶人驾驶车辆，会增加交通事故发生的概率，也会使得作为乘车人的自己陷入危险之中。与驾驶人聊天、辱骂驾驶人、拉拽驾驶人、殴打驾驶人、抢夺转向盘等都属于干扰驾驶人的行为，都是在乘坐机动车时应该禁止的行为。

除了不干扰驾驶人驾驶之外，我们在乘坐机动车时，也不能做出危害自身安全的行为，比如，将头、手等身体部位伸出窗外，随意打开车门跳出车外。如果在乘坐机动车时，驾驶人有异常举动，我们可以先稳住对方情绪，找机会报警或通知父母，在确保自身安全的情况下，伺机逃脱。

摩托车也属于机动车，在乘坐摩托车时，有些同学喜欢侧坐在摩托车后座上。这种坐姿虽然方便上下车，但却存在着极大的安全隐患。当摩托车在颠簸路段行驶时，侧坐在后座就很容易从车上掉落。即使在平坦道路上行驶，在摩托车拐弯或加速时，侧坐者也可能会从车上摔落。乘坐摩托车、电动自行车正确的方法，都是正向骑坐，这样才能确保安全。

第六节　校车安全知识要牢记

　　浩浩和小凡是好朋友，他们两个一起乘坐校车上学，在校车上开心地聊起了昨天的动画片。浩浩聊到剧情的高潮处，激动地解开了安全带，站起来向小凡表演动画片中主人公的帅气绝招。随车的老师发现后赶紧制止，正巧这时候，校车司机突然一个急刹车，浩浩摔倒了。

　　浩浩的爸爸妈妈得知儿子受伤了，急忙赶到学校，随车老师告诉他们，浩浩私自解开安全带，又在车辆行驶中站起来，所以才导致受了伤。浩浩的爸爸妈妈听完后，意识到自己儿子之所以会受伤，是因为他在车上的危险举动。于是，他们晚上专门对浩浩进行了一节校车安全教育课。

　　校车的推行和普及，保障了学生的上下学安全，为离校较远的学生及学生家长提供了便利，减轻了学生家长负担，而且还可以减轻城市交通压力，保障交通安全。

为了加强校车安全管理，保障乘坐校车学生的人身安全，国务院颁发了《校车安全管理条例》。公安部明确了公安机关交通管理部门参与校车使用许可审查，发放校车标牌和校车驾驶人资格许可的业务程序和要求，针对校车车况、驾驶人资质等多个方面进行了严格把控，以确保校车安全。

中小学生乘坐校车，一定要熟知校车安全知识，遵守乘车安全规则。

中小学生安全乘坐校车的第一步，要从"文明等待"做起。上学时，要按照约定好的时间，在指定的地方等候上车，不要站在车道（机动车道、非机动车道）上等车。放学等车时，到指定的位置等车，按照老师的管理候车。

在等待校车时，要远离路上的其他车辆并有序地排队等待，其间不应插队、拥挤，也不应与他人嬉戏打闹。校车到来时不要急着推搡前面的同学，要等校车停稳后再依次上车。一定不要把易燃易爆的危险品带上校车。易燃易爆物品容易在挤压、碰撞或车辆震动过程中燃烧或爆炸，严重危及大家的生命安全。也不要把锐利的用品特别是管制刀具等带到车上，因为容易误伤其他同学。

上车后要尽快落座并系上安全带，这样在出现紧急状况时可以最大限度地保护我们的身体。随身携带的书包或其他物品要放在规定的位置，不能随意堆放在车厢内的过道上，因为过道是意外发生时快速撤离的通道。我们也不要在车厢内喧哗吵闹，因为这样容易使司机分心，如遇特殊情况可能会因来不及反应而酿成交通事故。

乘车时要坐稳，没有座位时要把双脚自然分开站立，手紧握扶手。车辆行驶的过程中不要把头、手、胳膊伸出窗外，以免发生意外；也不要向车窗外乱扔杂物，以免伤及他人。在车上要服从校车驾驶人和老师的管理，不要随意走动，否则遇到急刹车时有可能会摔倒甚至被甩出去。不能在车上写作业，不要在校车行驶过程中吃东西或喝饮料，避免因行车中的颠簸和急刹车造成自己受伤。乘车时，千万不要随意按动车上的任何按钮或者打开车窗。

最后，在校车停稳前不要着急站起。虽然车辆在即将到达目的地时会减速，但在这时候贸然站起身也是十分危险的，我们要等车辆完全停稳后再离开座位，并有序下车。开门前，要先看一下车周围有没有自行车或摩托车经过，要在没有车辆驶近的情况下再打开车门，防止车门突然打开时与自行车或摩托车相撞而发生意外。下车后注意不要奔跑，不要从车前或车后横穿道路，如果需要从校车的前方经过，一定要距离车头至少 10 米，以保证出现在司机的视野中，避免走入司机的视野盲区。

第五章

其他交通安全知识

第一节 乘坐飞机的安全知识

俊俊一家乘坐飞机去旅游，但是到了目的地的机场，他们却被带到了公安局。原来，俊俊在乘坐飞机过程中，没有吃到自己想吃的东西，在飞机上大吵大闹，他的父母还与空乘人员发生了肢体冲突。最终，在停机后，俊俊的父母被公安机关带走，俊俊也只得跟着父母一起去往公安局。

近年来，随着我国经济的发展，人们的生活水平也不断提高，飞机已经成为许多家庭外出旅行的首选交通工具。乘坐飞机不仅能够享受到舒适周到的服务，而且还能大大节省出行时间。现如今，许多中小学生也成为乘坐飞机的"常客"。中小学生在乘坐飞机前掌握一定的安全常识，会使旅途更加安全。

与乘坐公共交通工具一样，乘坐飞机时也需要遵守一些规矩。比如，在乘坐飞机时，应该遵守乘机秩序，不在飞机上喧哗、吵闹。事例中的俊俊便违反了这一规

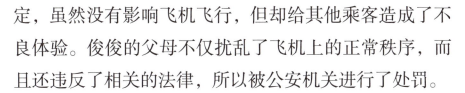

定，虽然没有影响飞机飞行，但却给其他乘客造成了不良体验。俊俊的父母不仅扰乱了飞机上的正常秩序，而且还违反了相关的法律，所以被公安机关进行了处罚。

我们乘坐飞机时，有一些需要注意的特殊事项，这些都事关我们的人身安全。

在乘机前24小时应适当休息，避免劳累；保证充足的睡眠，少吃油腻和不易消化的食品，适当多吃些水果；不可空腹乘飞机，也不宜过饱，否则易带来不适或晕机。

乘机要系安全带，小小安全带在必要时却能起到确保安全的作用。当飞机将要发生颠簸或广播提醒系好安全带时，一定不要马虎，以防止外伤。有些人在飞机平飞后，便解开安全带，其实这样很危险。因为飞机突发强烈颠簸时，旅客可能还未来得及反应就被抛起了。如果飞机发生颠簸时，我们正好不在座位上，应该立即蹲下，抓住座椅扶手、座椅脚柄等；如果自己在使用卫生间，要立即抓住水盆边缘或门把手等；如自己正在用餐或喝水，应该立即停止，并且将餐食放置在地板上，以免机体剧烈摇晃使热饮溅出烫伤自己或他人。

在乘坐飞机时，不能在飞机中随意走动。因为飞机在飞行过程中可能会受到气流影响而产生颠簸，这时候

如果我们在飞机内随意走动，便可能会因失去重心而摔倒，受到各种伤害。

　　飞机起飞后，按规定乘客应关闭电子设备，主要是因为一些电子设备会发射电磁信号，干扰飞机正常飞行。为了飞机上的乘客和机组人员的安全，我们需要将电子设备关闭，或调成飞行模式。

　　飞机在飞行过程中，机舱内的气压会因飞行高度变化而变化，此时乘客会感到耳堵、听力下降，耳内发出"砰砰"的声音，或者有充胀的感觉。为了平衡压力，可以

频繁吞咽、嚼口香糖或打呵欠，这样可以缓解不适。

飞机起飞降落前要收起遮阳板，这是为了让我们的眼睛适应外界光线，减少人眼适应光线的时间。万一遇到需紧急撤离的情况，方便大家观察机外情况，以选择正确逃生路线。

相比于其他交通工具，飞机的安全性是比较高的，即使遇到一些突发状况，经验丰富的机组人员也能轻松应对。因此，当乘坐飞机遇到突发状况时，我们要保持冷静，听从机组人员的安排，不要随意喧哗、跑跳。飞机迫降时，应双手交叉放在前排座位上，头部放在手上，在飞机着陆前，一直保持这个姿势。也可以将身体蜷缩在一起，比如，身体弯向膝盖，双手尽量抱住脚踝，这样可以有效防止巨大撞击力对身体的损伤。

最后，虽然中小学生也被允许独自乘坐飞机，但在此之前，我们要在家长的陪伴下办理好相应手续。在乘坐飞机时，也要听从机组人员的指挥，有需要可以及时向机组人员和身边乘客寻求帮助，不能擅自行动。

第二节　乘坐火车的安全知识

在一列火车上，燕燕与妈妈、爸爸正坐在一起看电影。这时，一位中年女子来到燕燕身边，要求燕燕的爸爸让出座位。原来，燕燕爸爸的座位在另一节车厢，为了跟燕燕坐在一起，他占了别人的座位。燕燕爸爸希望对方能够与自己交换座位，但中年女子却不同意。燕燕希望爸爸坐在自己身边，便在座位上大吵大闹。最后，列车上的乘警叔叔为燕燕讲解了乘坐火车的法规要求，燕燕才不再哭闹，并认识到了自己的错误。

火车是一种方便快捷的交通工具，虽然没有飞机的速度快，但是价格却要比飞机实惠不少。我们在乘坐火车时，也要遵守相关的秩序和安全规则。事例中的燕燕在火车上大吵大闹，不仅影响了他人，而且还扰乱了火车中的正常秩序，是一种错误的乘车行为。

在乘坐火车出行时，有一些物品是不可以携带的，比如，烟花爆竹这样的易燃易爆物品，水果刀、菜刀这样的刀具，散装白酒、黄酒等物品，以及一些具有强烈气味的物品等。除此之外，像指甲油、防晒喷雾、洗面奶等物品，虽然可以携带，但却不能超过一定的数量和重量。

在火车站台上画有各种线条和标识，其中有一条白线非常笔直，而且一直从站台一端延伸到另一端。这条白线叫作"安全线"，是为了保护站台上的人员所设置的。不论是否有火车停靠在站台边，我们都要站在安全白线后面，不能越过安全白线，以免发生危险。

在站台候车时，应在安全白线外排队等候，严禁跳下站台。行李要随身携带，行李箱"把不离手"，防止滑落股道。

等到火车在站台停稳后，我们便可以在铁路工作人员的引导下有序上车。在上车时，我们要多注意脚下，因为列车与站台之间会有一定的缝隙，如果不小心踩到缝隙中，不仅会把脚崴伤，而且还可能掉入站台下方。如果随身携带的物品掉入股道，不要惊慌，请立即联系站台工作人员处理，自己不能跳下站台。

在乘坐火车期间，要注意保持安静，不要在火车内大吵大闹，影响其他乘客。同时，也要注意维护火车上

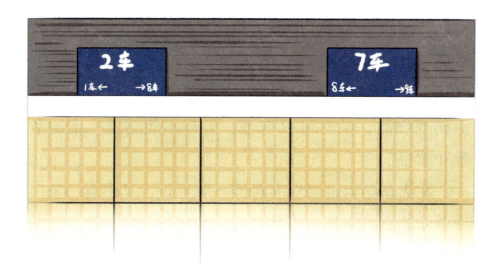

的卫生，不要随意将果皮、纸屑丢到地上。不要在车门和车厢连接处逗留，那里容易发生夹伤、扭伤、卡伤等事故。除此之外，在火车上不要霸占他人的座位，这是一种违法行为，情节严重的是会受到处罚的。

在火车快到站时，要提前做好准备，但不要争抢、拥挤，要等列车停稳之后，再有序下车。一些淘气的小朋友喜欢把头或半身从车窗钻出车外，这是一种十分危险的行为，很容易给自身安全带来较大的隐患。出站时要根据站台指示标识有序出站、换乘。如果上错站台，请从天桥或地道通过，不得跨越股道。从站台两端进入股道，不仅危险且违法，将被铁路公安机关处罚。

第三节　乘坐轮船的安全知识

在一个风雨交加的早上，一艘载有50多名乘客的客船在江中侧翻。经过了一番艰难搜救后，有40多名乘客获救，10多名乘客不幸遇难。初中生小杰也是当天乘坐客船的乘客，由于上船之后就自觉穿戴好了救生衣，所以在客船侧翻后，小杰得以漂浮在水面上，最终获救。

乘船出行虽不像乘坐火车、飞机那样流行，却依然是不少同学选择的一种重要出行方式。对于那些水路发达地区的同学来说，乘船也是一种十分便利的出行方式。在乘坐轮船出行时，我们也要掌握一些安全知识。事例中的小杰登船后自觉穿好救生衣，就是一种重要的安全乘船行为。

我们乘船时注意选择符合安全要求的船舶，不要乘坐无牌无证、客渡船以外的船舶，不要乘坐超载船或人货混装的船舶，不要乘坐冒险航行船舶，不要乘坐缺乏救护设施的船舶。如遇恶劣天气如大风、大浪、浓雾等，应合理安排出行计划，尽量避免乘船。

在等候乘船时，我们要有序排队，不能争抢，以免落水或挤伤。上船时，一定要等船靠稳，工作人员安置好上船的跳板后，按工作人员的安排有序上船。上船之后要听从船上工作人员的指挥，不要在船上闲逛、聚集，主动穿好救生衣。即使乘坐的是不需要穿戴救生衣的大型游船，也要在上船后及时询问救生设备摆放的位置，这样在意外事故发生时，我们便可以迅速找到救生设备。

乘船过程中，不要在船头、甲板等地打闹、追逐。在船上观景时，不可探身超过护栏，不要站在甲板边缘向下看波浪，以防落水。不要在船上乱窜乱跑，不要登

上不允许去的高处观光，更不要跑到船舶工作场所，以免影响船舶正常工作和发生意外。

在大型船只上，通常配备有一些安全设备。这些设备是船上的工作人员在特殊情况下使用的，我们不能随便乱动这些设备，以免影响船只的正常航行。

如果在乘船过程中，发现了局部失火、漏水或其他不安全因素，应当尽快向船员报告，并立即采取补救措施。在搞不清情况前，不可喧哗，以免引起全船人员不安。如果发生意外事故，应按船员的要求穿好船上配备的救生衣，不要慌张，更不要乱跑，以免影响客船的稳定性。不要贸然跳水，要尽量待在船上或是救生艇筏上等待救助。

如果不得不离船，一定要穿好救生衣，跳水时尽量选择较低的位置。跳到水中时应采取最好的姿势，双脚并拢屈到胸前，两肘紧贴身旁，交叉放在救生衣上，使头颈露出水面。这样做对保持体温很重要。在水中要保持情绪稳定，不能慌张，尽量减少在水中的活动，特别是水温低时尽量不要游泳，最大可能地保持体力，延长在水中的待救时间。

第四节　乘坐地铁的安全知识

一日，吴女士进地铁站时，发现一名学生在地铁站换乘通道内玩滑板车。出于安全考虑，吴女士及时制止了这名学生的行为。没想到这名学生却和她吵了起来，闻讯赶来的学生家长也和吴女士理论。一时间，很多人围了过来，地铁通道变得有些拥挤。地铁站内巡逻的警察在了解情况后，对双方进行了调解，并疏散了人群，同时还为学生讲解了在地铁站内滑滑板的危险性。

地铁是一种独立的有轨交通系统，不受地面道路情况的影响，能够按照设计的能力正常运行，从而快速、安全、舒适地运送乘客。乘坐地铁出行可以为我们的生活提供不少便利，我们在享受这些便利的同时，需要遵守地铁安全规则。

我们在进入地铁站时，要主动接受工作人员的安全检查，不要携带危险违禁物品。车站内及地铁上均禁止吸烟、使用明火，进入车站内应留心车站通道布局，进站乘车时禁止追跑和打闹。进入地铁站内，我们应该注意文明卫生，不要乱扔杂物、乱写乱画。地铁站内有一些红色按钮和电箱电柜，这些是工作人员处理紧急情况时使用的，我们不能随意触碰、损坏。

地铁站台等候列车时，请务必站在黄色安全线后，列车进出站时不要探头张望。严禁擅自打开警示绳或越过安全黄线，进入轨道交通道床、隧道，这种行为不仅会严重威胁个人的生命安全，还会对地铁运营安全和公共安全造成严重影响。我们在站台上候车时，不要倚、靠、爬、扶站台屏蔽门，不要将身体或随身携带的物品靠在或伸出屏蔽门外。自己的物品如落入轨道，请不要自行捞捡，应寻求车站工作人员的帮助。列车进站后，列车门和站台屏蔽门即将关闭时，切勿强行上、下车，避免被夹伤。

地铁早晚高峰时段客流量大，部分车站上车拥挤，为了安全，请静心稍等片刻，后续列车马上就会到达。当列车车门的蜂鸣器响起、车门关闭时，请不要强行上车，以免发生危险。

进入地铁车厢内，我们要在自己的座位上坐好，不能随意追逐跑动，更不可喧哗。地铁车厢中也有一些物品是不能随意触碰的，如安全锤、灭火器和紧急解锁装置，只有在遇到紧急情况时，我们才能使用这些物品进行自救。比如，当车厢内发生火灾时，可以使用灭火器进行灭火。在使用灭火器时，要以正确方法操作，不能将其对准周围乘客，也不能将喷口对准自己。

乘坐地铁时可能会遇到列车临时停车，短暂停车并不代表列车运营出现问题，而是为了确保列车运营的安全间隔，是地铁系统默认的一种调整措施。当列车在区间临时停车时，我们要认真收听车厢广播，不要慌乱，更不能擅自使用紧急拉手。

如果我们在站内候车或在车上遇到火险或其他紧急情况，可使用消防报警装置、紧急通话装置联系地铁工作人员。在进行紧急疏散时，不要慌张，在地铁工作人员的引导下安全撤离。

最后，如果自己一个人乘坐地铁出行，一定要提前了解地铁线路图，以免坐过站或坐错站的情况发生。